INSTITUT NATIONAL DE FRANCE.

RÈGLEMENT

POUR

L'ACADÉMIE

DES

INSCRIPTIONS ET BELLES-LETTRES.

SUIVI

DES ORDONNANCES. DÉCRETS.

ARRÊTÉS

ET DÉLIBÉRATIONS COMPLÉMENTAIRES.

PARIS.

IMPRIMERIE NATIONALE.

M DCCC LXXX.

RÈGLEMENT

ET

DISPOSITIONS COMPLÉMENTAIRES.

INSTITUT NATIONAL DE FRANCE.

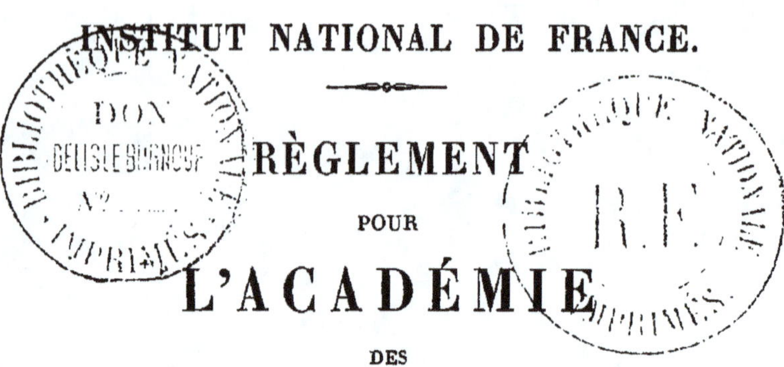

RÈGLEMENT

POUR

L'ACADÉMIE

DES

INSCRIPTIONS ET BELLES-LETTRES,

SUIVI

DES ORDONNANCES, DÉCRETS,

ARRÊTÉS

ET DÉLIBÉRATIONS COMPLÉMENTAIRES.

PARIS.

IMPRIMERIE NATIONALE.

M DCCC LXXX.

TABLE ANALYTIQUE DES MATIÈRES.

—

PREMIÈRE PARTIE.

RÈGLEMENT DE L'ACADÉMIE DES INSCRIPTIONS
ET BELLES-LETTRES.

i.

DEUXIÈME PARTIE.

ORDONNANCES, DÉCRETS, ARRÊTÉS ET DÉLIBÉRATIONS
COMPLÉMENTAIRES.

PREMIÈRE PARTIE.

RÈGLEMENT

POUR

L'ACADÉMIE DES INSCRIPTIONS

ET BELLES-LETTRES.

ORDONNANCE ROYALE DU 16 MAI 1830.

CHARLES, par la grâce de Dieu, ROI DE FRANCE ET DE NAVARRE, à tous ceux qui ces présentes verront, salut.

Vu l'ordonnance du 22 décembre 1828;

Sur le rapport de notre Ministre secrétaire d'État au département de l'intérieur;

Notre Conseil d'État entendu,

NOUS AVONS ORDONNÉ ET ORDONNONS ce qui suit :

ARTICLE PREMIER. Le règlement arrêté par notre Académie des inscriptions et belles-lettres dans sa séance du 22 mai 1829, examiné et modifié par notre Conseil d'État dans sa séance du 8 janvier 1830, est approuvé tel qu'il est ci-annexé.

ART. 2. Notre Ministre secrétaire d'État de l'intérieur est chargé de l'exécution de la présente ordonnance.

Donné au château de Saint-Cloud, le 16 mai de l'an de grâce 1830, et de notre règne le sixième.

Signé : CHARLES.

RÈGLEMENT.

§ Ier.

COMPOSITION DE L'ACADÉMIE.

ARTICLE PREMIER. L'Académie royale des inscriptions et belles-lettres se compose de quarante académiciens ordinaires, de dix académiciens libres et de huit associés étrangers.

ART. 2. Elle a quarante correspondants, tant regnicoles qu'étrangers[1].

§ II.

BUREAU DE L'ACADÉMIE.

ART. 3. Le bureau est composé d'un président, d'un vice-président, d'un secrétaire perpétuel, toujours choisis parmi les seuls académiciens ordinaires.

§ III.

NOMINATION DES MEMBRES DU BUREAU.

ART. 4. Dans la première séance de chaque année, l'Académie élira, au scrutin et à la majorité absolue, un président et un vice-président.

[1] Voyez ci-après, p. 35, l'ordonnance du 6 février 1839, portant augmentation du nombre des correspondants.

Art. 5. Le président et le vice-président ainsi élus entreront immédiatement en fonctions.

Art. 6. La durée de la présidence et de la vice-présidence est d'une année.

Art. 7. Le président et le vice-président sortant de fonctions ne pourront être élus aux mêmes fonctions qu'après un an au moins d'intervalle ; ce qui n'empêchera pas que le vice-président sortant de fonctions puisse être immédiatement élu président ; mais le président ne pourra être élu immédiatement vice-président.

Art. 8. En cas d'absence du président et du vice-président, l'Académie sera présidée par le président de l'année précédente et, à son défaut, par le président de l'année antérieure.

Art. 9. La place de secrétaire perpétuel étant vacante par décès ou autre cause, l'Académie, convoquée par billets à domicile, procédera au remplacement dans la seconde séance après celle où aura été faite la notification de la vacance.

Art. 10. L'élection du secrétaire perpétuel aura lieu au scrutin et à une majorité composée des deux tiers des membres vivants. Deux séances n'ayant pas produit d'élection, à la troisième le nombre des voix exigées sera de 21 seulement.

Art. 11. Le cas arrivant où le secrétaire perpétuel ne pourrait assister aux séances ni remplir ses

fonctions, il sera remplacé par un académicien ordinaire, et notifiera à l'Académie son absence et le
choix de son suppléant.

§ IV.

DEVOIRS DES MEMBRES DU BUREAU.

ART. 12. Le président veillera, pendant les
séances, à l'exécution du règlement; il déterminera la succession et la durée des lectures; il main-
tiendra l'ordre dans les discussions.

ART. 13. Le secrétaire perpétuel rédigera le procès-verbal de chaque séance, séance tenante. Ce
procès-verbal sera transcrit sur un registre et signé
par lui. Il signera, pour conformité, tous les extraits
des registres, rapports et autres actes dont l'Académie autorisera la communication. Il sera chargé de
la correspondance de l'Académie; il dirigera et sur-
veillera l'impression des mémoires de l'Académie;
il composera la notice historique de la vie et des
travaux de chacun des membres décédés, et nulle
autre notice que les siennes ne pourra être lue dans
les séances publiques ni entrer dans l'histoire de
l'Académie.

§ V.

NOMINATION AUX PLACES D'ACADÉMICIEN ORDINAIRE.

ART. 14. Une place d'académicien ordinaire ve-
nant à vaquer, l'Académie, dans le cours du mois

qui suivra la notification de la vacance, décidera, au scrutin, s'il y a lieu ou non de procéder au remplacement.

Art. 15. Si la question du remplacement est résolue négativement, l'Académie délibérera de nouveau sur la même question six mois après, et ainsi de suite.

Art. 16. Lorsque la question du remplacement aura été résolue affirmativement, l'Académie déterminera le jour de l'élection.

Art. 17. L'élection sera faite par la voie du scrutin et à la majorité absolue, et, dans ce cas, ainsi que dans tous ceux où la majorité est exigée, elle ne sera acquise que par la réunion de plus de la moitié des suffrages. Le scrutin sera réitéré jusqu'à ce que l'un des candidats ait obtenu la majorité requise.

Art. 18. Pour être académicien ordinaire, il faudra être Français, âgé de 25 ans au moins, domicilié à Paris, et connu par quelque ouvrage dans le genre des travaux de l'Académie.

§ VI.

ACADÉMICIENS LIBRES.

Art. 19. Pour être académicien libre, il faudra être Français, âgé de 25 ans au moins, et connu par la culture et le goût éclairé des études historiques ou philologiques.

Art. 20. Sur les dix académiciens libres, l'Académie en pourra choisir quatre parmi des personnes non domiciliées à Paris, mais qui, pourtant, devront être regnicoles.

Art. 21. La nomination des académiciens libres sera soumise aux mêmes formalités que celle des académiciens ordinaires, si ce n'est que les académiciens libres y pourront prendre part.

Art. 22. Un académicien libre ne pourra se présenter pour être élu à une place d'académicien ordinaire, qu'il n'ait préalablement donné sa démission de la place d'académicien libre.

§ VII.

ASSOCIÉS ÉTRANGERS.

Art. 23. Les associés étrangers seront choisis parmi les savants les plus distingués par leurs travaux dans les sciences historiques et la philologie.

Art. 24. La nomination des associés étrangers sera soumise aux mêmes formalités que celle des académiciens ordinaires.

§ VIII.

CORRESPONDANTS.

Art. 25. Dans la seconde séance de décembre, l'Académie entendra la lecture de la liste de ses correspondants, reconnaîtra le nombre des places vacantes, décidera s'il y a lieu d'y nommer en tout ou en partie, et fixera le jour de l'élection.

Art. 26. Au jour fixé, les académiciens ordinaires, ayant été convoqués par billets à domicile, procèdent à la nomination, laquelle se fera au scrutin et à la majorité absolue des membres présents.

§ IX.

DE LA PERTE DU TITRE D'ACADÉMICIEN ET DE CORRESPONDANT.

Art. 27. Tout académicien ordinaire et académicien libre, assujetti à la résidence dans la capitale, qui aurait résidé plus d'un an hors de Paris, sans congé de l'Académie ou sans ordre et mission du gouvernement, ou sans cause de maladie et autre empêchement légitime, pourra être privé du titre d'académicien, si l'Académie le juge convenable; en ce cas, sa place ayant été déclarée vacante, il sera pourvu à son remplacement.

Art. 28. Tout correspondant qui aura pris son domicile réel à Paris perdra, après un an de séjour dans la capitale, son titre de correspondant.

§ X.

SÉANCES ORDINAIRES.

Art. 29. Les séances ordinaires de l'Académie se tiendront le vendredi de chaque semaine; elles

commenceront à trois heures après midi et finiront
à cinq.

Art. 3o. Quand le vendredi sera un jour de
fête solennelle, la séance se tiendra le premier jour
libre de la même semaine, et les académiciens
seront avertis de ce changement par billets à domicile.

Art. 31. Les académiciens ordinaires et libres,
les associés étrangers, les membres des trois autres
Académies de l'Institut et les correspondants de
l'Académie auront seuls le droit d'assister aux séances
ordinaires.

Art. 3a. Lorsque le bureau décide que l'Académie se forme en comité secret, les académiciens
ordinaires et libres, les associés étrangers et les
membres des trois autres Académies de l'Institut
pourront seuls assister à sa séance.

Art. 33. Les académiciens ordinaires et libres,
les associés étrangers et les membres des trois autres
Académies de l'Institut seront seuls admis, de plein
droit, à faire des lectures dans les séances ordinaires de l'Académie.

Art. 34. Le bureau jugera des exceptions à faire
éventuellement aux articles 31, 32 et 33.

Art. 35. Les seuls académiciens ordinaires auront droit de suffrage dans toutes les délibérations
relatives au régime et à l'administration de l'Académie, ainsi que dans l'élection des académiciens

ordinaires, des associés, des correspondants, des
membres du bureau et des diverses commissions,
et dans le choix des candidats pour les places auxquelles l'Académie a le droit de présentation.

ART. 36. Les académiciens libres partageront
avec les académiciens ordinaires le droit de suffrage
dans toutes les délibérations relatives aux travaux
de l'Académie, et dans toutes les discussions littéraires et, comme il a été dit article 21, dans l'élection des académiciens libres. Ils pourront aussi être
nommés membres des commissions qui n'auront
pour objet que des travaux littéraires.

§ XI.

SÉANCE PUBLIQUE ANNUELLE.

ART. 37. Chaque année, l'Académie rendra publique une de ses séances de juillet.

ART. 38. Un mois avant cette séance publique,
l'Académie décidera quels mémoires devront y être
lus. Elle les choisira parmi ceux qui, dans le cours
de l'année, lui auront été présentés par les académiciens ordinaires et libres et par les associés
étrangers. Il ne pourra être fait lecture d'aucun
autre mémoire que de ceux qui auront été ainsi
choisis.

ART. 39. Ne seront pas comprises dans les dispositions du précédent article les notices historiques
composées par le secrétaire perpétuel, lesquelles

seront lues de droit en séance publique et sans communication préalable.

Art. 40. Dans la séance publique, l'Académie proclamera le jugement qu'elle aura porté sur les ouvrages envoyés au concours, et fera connaître les sujets qu'elle propose.

Art. 41. L'ordre et la durée des lectures qui auront lieu dans la séance publique seront déterminés par le bureau.

§ XII.

TRAVAUX DE L'ACADÉMIE.

Art. 42. L'objet principal des travaux de l'Académie étant l'histoire, c'est-à-dire la connaissance des hommes et des événements, des époques et des lieux, des mœurs et des usages, des institutions et des lois, des opinions religieuses et philosophiques, l'Académie s'attachera : à l'étude de la chronologie et de la géographie, des médailles, inscriptions et monuments de toute espèce qui concernent et peuvent éclairer l'histoire ancienne, ainsi que celle du moyen âge et des temps modernes ; à l'étude critique et philologique des langues anciennes, des langues orientales et des idiomes du moyen âge ; à l'explication des titres, diplômes et antiquités de la France et des autres pays, particulièrement de ceux dont les intérêts sont ou ont été mêlés avec ceux de la France.

Art. 43. Tous les académiciens ordinaires sont

tenus de concourir aux travaux de l'Académie en
lui présentant, chaque année, un mémoire au moins
de leur composition, destiné à entrer dans son recueil. Les académiciens libres n'y sont point tenus,
mais invités.

Art. 44. Tout mémoire ainsi destiné au recueil
de l'Académie sera lu deux fois; à la seconde lecture, chaque académicien, ordinaire ou libre, les
associés étrangers et les membres des trois autres
Académies de l'Institut auront le droit de faire des
observations sur le mémoire présenté.

Art. 45. Les académiciens ordinaires et libres
sont autorisés à communiquer à l'Académie des
mémoires non destinés à son recueil.

Art. 46. Les mémoires ainsi communiqués ne
seront lus qu'une fois, et seront sur-le-champ soumis à la discussion.

§ XIII.

PUBLICATION DES TRAVAUX DE L'ACADÉMIE.

Art. 47. Le recueil des travaux de l'Académie
sera publié, par les soins du secrétaire perpétuel,
sous le titre de Mémoires de l'Académie royale des
inscriptions et belles-lettres.

Art. 48. Une commission de cinq académiciens
ordinaires sera chargée de déterminer le choix des
mémoires qui doivent entrer, soit en entier, soit par

extrait, dans le recueil de l'Académie. Cette commission, qui portera le nom de commission d'impression, sera nommée au scrutin et à la majorité absolue : elle devra être renouvelée lors de l'impression de chaque livraison des mémoires.

Art. 49. Aucun des mémoires présentés à l'Académie pour être insérés dans son recueil, qui aura été lu dans ses séances ordinaires, ne pourra, sans le consentement de l'Académie, être imprimé séparément avant qu'il ait été publié dans le recueil des mémoires. Lorsque l'Académie aura accordé ce consentement, il en sera fait mention sur le registre, et un certificat en sera délivré à l'auteur.

Art. 5o. Les mémoires ainsi publiés à part, avec le consentement de l'Académie, ne pourront, comme tous les autres, entrer dans le recueil qu'après l'examen de la commission d'impression.

§ XIV.

JUGEMENT DES CONCOURS.

Art. 51. Le jugement des mémoires envoyés au concours pour le prix que distribue l'Académie est confié à une commission composée de quatre commissaires au moins, auxquels se réunissent les membres du bureau, et d'un plus grand nombre, si l'Académie le juge convenable.

Les jugements portés par ces commissions seront communiqués à l'Académie et adoptés par elle.

§ XV.

COMMISSIONS DIVERSES.

Art. 52. Indépendamment de la commission d'impression, de celle du prix, des commissions temporaires que l'Académie peut avoir occasion de nommer, il en existe plusieurs autres, permanentes ou annuelles.

Art. 53. Deux commissions sont permanentes, celle des médailles et des inscriptions, et celle de l'histoire littéraire, composées chacune de cinq membres.

Art. 54. Sont annuelles et renouvelées dans la première séance de chaque année la commission des travaux littéraires chargée de la continuation du recueil des notices et extraits des manuscrits, de la collection des historiens de France et du recueil des ordonnances des rois de France, etc.; celle des antiquités de la France, celle des fonds communs de l'Institut, celle des fonds particuliers de l'Académie, composées : la première, de huit membres; la seconde, de sept; la troisième et la quatrième, de deux membres.

Art. 55. Quand il y a lieu de nommer un membre d'une commission permanente, l'élection se fait au scrutin et à la majorité absolue.

Art. 56. Les membres des commissions annuelles

sont nommés au scrutin et à la majorité relative, sauf le cas où l'Académie jugerait la majorité absolue nécessaire. Les membres sortants pourront être réélus.

ART. 57. Les membres des commissions temporaires sont pareillement renouvelés au scrutin et à la majorité relative, à moins que, par une délibération expresse, l'Académie n'en décide autrement.

ART. 58. Les diverses commissions rendent compte à l'Académie de l'état des travaux qu'elles sont chargées de faire ou de surveiller; elles lui soumettent leurs rapports sur les affaires qui leur sont confiées, et ne correspondent point directement et en leur nom particulier avec les ministres et autres autorités.

ART. 59. Les membres du bureau peuvent assister à toutes les commissions, sans exception, et y ont voix délibérative.

ART. 60. Le président de l'Académie, et, à son défaut, le vice-président, préside de droit les commissions auxquelles il assiste.

ART. 61. Aucune commission ne pourra s'assembler pendant la tenue des séances de l'Académie.

§ XVI.

HONORAIRES ET INDEMNITÉS.

ART. 62. Sur la somme de 1,500 francs, montant

de l'indemnité attribuée à chacun des académiciens ordinaires, il sera distrait une somme de 300 francs pour former le fonds du droit de présence accordé à chacun des membres qui assisteront aux séances ordinaires et publiques de l'Académie et aux séances générales de l'Institut.

Art. 63. Le droit de présence perdu par les membres absents accroîtra aux membres présents.

Art. 64. *Abrogé.* Les huit plus anciens académiciens ordinaires dans l'ordre du tableau auront droit à un accroissement d'indemnité, et cet accroissement ne pourra excéder 1,200 francs.

Art. 65. *Abrogé.* Pour obtenir les fonds nécessaires au payement de l'accroissement d'indemnité, une retenue sera faite, conformément au règlement du 9 janvier 1816, sur le traitement des académiciens qui seront reçus postérieurement au présent règlement. A cet effet, les quarante académiciens ordinaires seront divisés, suivant l'ordre du tableau, en cinq classes, chacune de huit personnes. La première classe jouira d'une indemnité de 1,200 francs par tête. La deuxième ne jouira d'aucune augmentation d'indemnité et n'éprouvera aucune retenue. La troisième, la quatrième et la cinquième éprouveront des retenues, qui seront de 200 francs par tête pour la troisième, de 400 francs pour la quatrième, et de 600 francs pour la cinquième.

Art. 66. *Abrogé.* La totalité des susdites retenues, montant à 9,600 francs, formera le fonds fixe et annuel de l'augmentation d'indemnité attribuée aux huit académiciens les plus anciens.

Art. 67. *Abrogé.* La disposition de l'article 65 aura son effet à commencer de la première élection qui aura lieu, en sorte que le premier académicien qui sera reçu éprouvera une réduction de 600 francs jusqu'à ce que, par l'effet de huit élections subséquentes, il passe dans la quatrième classe, et ne soit plus soumis qu'à une retenue de 400 francs, et ainsi de suite.

Art. 68. *Abrogé.* Jusqu'à ce que la totalité desdites retenues forme le fonds annuel de 9,600 francs, la retenue ordonnée par le règlement du 9 floréal an XI sur le traitement des académiciens jouissant, à raison de fonctions publiques autres que des fonctions littéraires, d'un revenu fixe de 10,000 francs par an et au-dessus, continuera à avoir lieu jusqu'à concurrence de ce qui sera nécessaire pour compléter ledit fonds de 9,600 francs.

Art. 69. *Abrogé.* Lorsque le fonds fixe et annuel de 9,600 francs sera assuré au moyen des retenues ordonnées par l'article 65, les académiciens jouissant, comme fonctionnaires publics, d'un revenu de 10,000 francs et au-dessus, rentreront de plein droit dans la jouissance de leur traitement d'académicien ; mais ils ne pourront jamais jouir de la pension d'ancienneté, quel que soit leur rang dans le tableau : ainsi, lorsqu'un académicien se trouvant dans la susdite catégorie arrivera, par son ancienneté, à faire partie de la première classe, son droit à la pension sera dévolu à l'académicien qui viendra immédiatement après lui dans l'ordre du tableau.

§ XVII.

ARTICLE TRANSITOIRE.

ART. 70. Les académiciens ordinaires qui reçoivent aujourd'hui l'accroissement d'indemnité étant au nombre de dix, jusqu'à ce qu'ils soient réduits à huit, le fonds destiné à fournir les accroissements d'indemnité sera réparti entre eux par portions égales.

Vu pour être annexé à l'ordonnance royale du 16 mai 1830.

Le Ministre de l'intérieur,

MONTBEL.

ARRÊTÉ

DU PRÉSIDENT DU CONSEIL DES MINISTRES,

CHARGÉ DU POUVOIR EXÉCUTIF,

CONCERNANT L'INDEMNITÉ DES MEMBRES DE L'ACADÉMIE.

16 août 1848.

LE PRÉSIDENT DU CONSEIL DES MINISTRES, chargé du pouvoir exécutif,

Considérant que le règlement de l'Académie des inscriptions et belles-lettres approuvé par l'ordonnance du 16 mai 1830, à laquelle il est annexé, a établi dans cette Académie cinq catégories de membres diversement rétribués;

Considérant qu'il importe au Gouvernement de la République de maintenir dans le sein de l'Institut national le principe de l'égalité parmi ses membres, et que l'Académie des inscriptions, par sa délibération du 4 août courant, s'est associée à ce vœu;

Sur le rapport du Ministre de l'instruction publique et des cultes,

ARRÊTE :

ARTICLE PREMIER. Les articles 64, 65, 66, 67, 68 et 69 du titre XVI du règlement de l'Académie des inscriptions et belles-lettres, règlement arrêté par cette Académie dans sa séance du 22 mai 1829, et approuvé par l'ordonnance du 16 mai

1830, à laquelle il est annexé, sont et demeurent abrogés.

Art. 2. Sont seuls maintenus les articles 62 et 63 de ce titre XVI, qui établissent la complète égalité dans la répartition de l'indemnité académique allouée par l'État à chacun des membres de l'Académie des inscriptions et belles-lettres.

Signé : E. CAVAIGNAC.

DEUXIÈME PARTIE.

ORDONNANCES,

DÉCRETS, ARRÊTÉS ET DÉLIBÉRATIONS COMPLÉMENTAIRES.

§ Ier.

DEVOIRS DES ACADÉMICIENS, DES MEMBRES DU BUREAU ET DES COMMISSIONS.

COMPTE RENDU SEMESTRIEL DES TRAVAUX DE L'ACADÉMIE.

*Extrait du procès-verbal de la séance
du 15 février 1833.*

A la fin de chaque semestre, les diverses commissions remettront au secrétaire perpétuel la notice des travaux qu'elles auront faits ou fait exécuter pendant les six mois précédents, afin que par lui il en soit rendu compte à l'Académie.

2.

PUBLICATION DES TRAVAUX DES MEMBRES DE L'ACADÉMIE DANS DES RECUEILS PÉRIODIQUES.

*Extrait du procès-verbal de la séance
du 10 février 1837.*

Lorsque quelqu'un des académiciens jugera à propos de publier dans des écrits périodiques quelque article littéraire ou autre, il ne pourra point ajouter à sa qualité de membre de l'Académie l'indication des fonctions particulières qu'il remplit dans son sein, soit comme membre du bureau, soit comme attaché à une commission spéciale, ces indications pouvant faire penser qu'il parle au nom de l'Académie, laquelle ne doit faire connaître ses opinions que par l'organe de son secrétaire perpétuel.

ORDRE DU JOUR DES SÉANCES.

*Extrait du procès-verbal de la séance
du 5 mars 1841.*

Le président donne lecture à l'Académie des articles 12, 29, 43 et 61 de son règlement, qui tous sont relatifs à la tenue de ses séances et au devoir imposé au président de régler l'ordre des lectures selon la manière la plus avantageuse aux travaux de l'Académie.

En conséquence, se conformant aux désirs de l'Académie, il prévient qu'à l'avenir, et à dater de ce jour, les séances seront ouvertes à trois heures précises, que la liste de présence sera lue immédiatement, et que le secrétaire perpétuel, après avoir inscrit sur cette liste tous les membres présents à la fin de cette lecture qui auraient négligé de signer, en fera aussitôt la clôture ;

Que, lorsque le procès-verbal aura été lu, discuté et adopté, on procédera aux élections de membres ou de correspondants qui auraient été appointées et annoncées pour le jour de la séance par billets à domicile ; qu'on donnera ensuite lecture des lettres, rapports, etc., dont la communication à l'Académie aura été reconnue urgente par le bureau et mise à l'ordre du jour de la séance ; mais que, hors ces deux cas, aussitôt après l'adoption du procès-verbal, on passera à la lecture des mémoires, et que chaque séance sera terminée par la lecture de la correspondance ordinaire, les présentations de livres, les rapports jugés non urgents, les communications ou propositions de même nature.

ENVOI DE L'ORDRE DU JOUR AUX MEMBRES DE L'ACADÉMIE.

*Extrait du procès-verbal de la séance
du 11 juillet 1851.*

M. Guigniaut, au nom de la commission nommée pour examiner la proposition déposée par un membre dans la séance du 6 juin dernier, propose qu'à l'avenir M. le président, après avoir réglé, à chaque séance, l'ordre du jour de la séance suivante, en donne communication à l'Académie dans le cours de la séance même, et qu'en outre ledit ordre du jour, ainsi arrêté et communiqué, soit rédigé et envoyé à domicile à tous les membres de l'Académie.

FORMES À SUIVRE DANS LA NOMINATION DES MEMBRES
DES COMMISSIONS.

*Extrait du procès-verbal de la séance
du 5 janvier 1858.*

Sur l'observation du président, l'Académie décide que chaque membre, en votant, devra inscrire
sur la liste les noms des commissaires qu'il veut
choisir, et que les bulletins portant cette simple
désignation : *les mêmes,* ne seront point comptés
comme valables.

BULLETINS COMPTÉS DANS LES SCRUTINS.

*Extrait du procès-verbal de la séance
du 7 février 1879.*

Dans les scrutins ne compteront pour le calcul
de la majorité que les bulletins portant soit un suffrage exprimé, soit une croix.

§ II.

NOMINATION AUX PLACES D'ACADÉMICIEN
OU D'ASSOCIÉ ÉTRANGER.

EXPOSITION DES TITRES DES CANDIDATS AUX PLACES VACANTES.

*Extrait du procès-verbal de la séance
du 18 avril 1845.*

L'Académie arrête que, lorsqu'elle aura décidé
qu'il y a lieu à élire un membre ordinaire ou libre,

et qu'elle aura déterminé le jour de l'élection, on fixera une séance préalable pour l'exposition et l'examen des titres des candidats. Cette séance aura lieu, autant que possible, huit jours avant l'élection ; lecture sera donnée, dans cette séance, de la liste des candidats inscrits, et les académiciens seront admis à exposer les titres des concurrents.

L'Académie se formera, pour cette séance, en comité secret.

———

EXAMEN GÉNÉRAL DE LA SPÉCIALITÉ D'ÉTUDES À LAQUELLE IL Y A LIEU DE POURVOIR.

*Extrait du procès-verbal de la séance
du 5 mars 1847.*

L'Académie a décidé que l'examen de la spécialité des travaux, considérés sous le point de vue général et abstraction faite d'aucun candidat en particulier, précéderait, dans le comité secret, la discussion des titres particuliers des savants qui se présenteraient au choix de l'Académie.

———

CAS OÙ LA PUBLICATION DU NOMBRE DES SUFFRAGES EST INTERDITE.

*Extrait du procès-verbal de la séance
du 11 juin 1847.*

Sur l'observation d'un membre que, dans un journal quotidien très répandu, on a indiqué le nombre des suffrages donnés à chacun des savants dont les noms ont été présentés au choix de la compagnie pour remplir la place vacante par le décès d'un associé étranger, l'Académie, considérant l'inconvénient d'une telle publicité pour des hommes illustres qui n'ont point sollicité ses suffrages, après discussion, a décidé que, lorsqu'une élection d'associé étranger aura lieu, chaque membre sera invité, à l'avenir, à s'engager d'honneur à ne point donner communication à aucun journal du nombre des votes répartis entre les différents savants portés sur la liste des candidats.

§ III.

CORRESPONDANTS DE L'ACADÉMIE.

CAS AUQUEL UN CORRESPONDANT PERD SON TITRE.

*Extrait du procès-verbal de la séance
du 27 février 1835.*

Sur la proposition d'une commission nommée dans la séance précédente, l'Académie arrête qu'à partir de ce jour, en donnant connaissance à un correspondant de sa nomination, on lui notifiera en même temps l'article 28 du règlement, dont la disposition détermine les cas où se perd de droit le titre de correspondant.

« ART. 28. Tout correspondant qui aura pris son

« domicile réel à Paris perdra, après un an de sé-
« jour dans la capitale, son titre de correspondant. »

***

CORRESPONDANTS CONSIDÉRÉS COMME DÉMISSIONNAIRES.

*Extrait du procès-verbal de la séance
du 11 janvier 1839.*

1° L'Académie décide que l'article 28 du règlement sera exécuté à l'égard de ceux de MM. les correspondants auxquels il est applicable.

2° L'Académie adopte, à la majorité des suffrages,
la proposition qui, en conséquence de l'article 26
de la loi du 16 germinal an IV, tend à déclarer
démissionnaires ceux de MM. les correspondants
actuels qui, dans la suite, passeront cinq ans sans
faire aucune communication à l'Académie.

***

AUGMENTATION DU NOMBRE DES CORRESPONDANTS.

Ordonnance du 6 février 1839.

LOUIS-PHILIPPE, Roi des Français, à tous
présents et à venir, salut.

Vu l'arrêté consulaire du 3 pluviôse an XI, portant réorganisation de l'Académie des inscriptions
et belles-lettres, sous le nom de troisième classe de
l'Institut;

Vu l'ordonnance royale du 21 mars 1816, pres-
crivant de nouvelles dispositions relatives à l'organisation de cette compagnie;

Vu le règlement adopté par ladite Académie, approuvé par l'ordonnance royale du 16 mai 1830;

Vu la lettre adressée à notre Ministre secrétaire d'État au département de l'instruction publique par le secrétaire perpétuel de ladite Académie, les motifs qui s'y trouvent développés et le consentement donné aux conclusions qu'elle renferme par la majorité des membres titulaires;

Sur le rapport de notre Ministre secrétaire d'État au département de l'instruction publique,

NOUS AVONS ORDONNÉ ET ORDONNONS ce qui suit :

ARTICLE PREMIER. Le nombre des correspondants de l'Académie des inscriptions et belles-lettres, tant regnicoles qu'étrangers, est porté à cinquante.

ART. 2. Le règlement de l'Académie sera modifié conformément à la disposition de l'article précédent.

ART. 3. Notre Ministre secrétaire d'État au département de l'instruction publique est chargé de l'exécution de la présente ordonnance.

FIXATION DU NOMBRE DES CORRESPONDANTS ÉTRANGERS
ET REGNICOLES.

*Extrait du procès-verbal de la séance
du 1ᵉʳ mars 1839.*

L'Académie arrête que le nombre des correspondants étrangers sera de trente et celui des regnicoles de vingt.

§ IV.

PUBLICATIONS DE L'ACADÉMIE.

CONTINUATION DES TABLES DE BRÉQUIGNY.

Ordonnance du 1ᵉʳ mars 1832.

LOUIS-PHILIPPE, Roi des Français, à tous présents et à venir, salut.

Vu l'article premier du titre IV de la loi du 3 brumaire an IV, qui charge l'Institut de suivre les travaux scientifiques et littéraires qui ont pour objet l'utilité publique et la gloire de la France;

Vu la demande de l'Institut, en date du 15 floréal an IV, ayant pour objet d'obtenir l'autorisation de continuer : 1° les historiens de France; 2° les ordonnances du Louvre; 3° les chartes commencées par M. de Bréquigny;

Vu l'article 16 du règlement de la classe d'histoire et littérature ancienne (aujourd'hui Académie des inscriptions), approuvé par le gouvernement, et qui indique, au nombre des publications dont cette classe est chargée, les chartes nationales;

Considérant que la commission de l'École des chartes, formée en grande partie de personnes livrées à des fonctions qui absorbent leur temps, ne peut s'occuper de ces travaux avec autant d'assiduité que l'Académie des inscriptions et belles-lettres; ayant d'ailleurs égard à la réclamation de cette compagnie;

Sur le rapport de notre Ministre secrétaire d'État du commerce et des travaux publics,

Nous avons ordonné et ordonnons ce qui suit :

Article premier. L'article 4 et l'article 8 de l'ordonnance du 11 novembre 1829, relative à l'École des chartes, sont rapportés.

Art. 2. La publication qui doit être faite, aux termes de l'article 4 de ladite ordonnance, consistera dans la continuation de la table chronologique des diplômes, titres et chartes concernant l'histoire de France, commencée en 1765 par Bréquigny, et dont les trois premiers volumes sont imprimés.

Art. 3. La publication prescrite par l'article 8 sera faite par l'Académie des inscriptions et belles-lettres.

Art. 4. Notre Ministre secrétaire d'État du commerce et des travaux publics est chargé de l'exécution de la présente ordonnance.

————

MODE D'EXÉCUTION DE L'ORDONNANCE PRÉCÉDENTE.

*Extrait du procès-verbal de la séance
du 23 mars 1832.*

M. Pardessus, au nom d'une commission nommée dans la séance précédente, fait un rapport sur les moyens à prendre pour exécuter l'ordonnance du 1er mars 1832, relative à la continuation du recueil des chartes et de la table de Bréquigny, et il propose, au nom de cette commission, le projet d'arrêté suivant :

1° En exécution de l'ordonnance du 1er mars 1832, les tables des chartes imprimées seront publiées à compter de l'année 1180 (le tome III, qui a paru en 1783, finissant avec 1179).

2° Conformément à l'ordonnance précitée, le volume des textes des chartes des Mérovingiens, imprimé en 1791 par les soins de Bréquigny, qui a été détruit en presque totalité, sera réimprimé et complété par l'insertion en leur place des *addenda* et corrections, ainsi que des chartes de la même époque qu'on a pu recouvrer ; on y joindra des *index* dans la même forme que ceux des Historiens de France.

3° Les publications indiquées aux articles précédents seront sous la direction de la commission des travaux littéraires. Cette commission avisera aux moyens, et, s'il en est besoin, présentera à l'Académie les vues nécessaires pour obtenir de M. le Ministre du commerce et des travaux publics que les copies destinées à l'impression tant des tables que des textes des chartes préparées par Bréquigny et Laporte-Dutheil, qui sont maintenant en dépôt à la Bibliothèque royale, rue de Richelieu, soient mises à la disposition des académiciens chargés d'en diriger et d'en suivre l'impression.

Les conclusions de ce rapport sont adoptées, et la suite de cette affaire est renvoyée à la commission des travaux littéraires.

MODE DE PUBLICATION DES MÉMOIRES DE L'ACADÉMIE.

*Extrait du procès-verbal de la séance
du 13 décembre 1833.*

L'Académie arrête :

1° Que ses mémoires continueront à être publiés par livraison de deux volumes, et qu'à la tête du premier volume se trouvera l'histoire de l'Académie pendant la période à laquelle appartiendront les mé-moires compris dans la livraison ;

2° Que chaque volume sera divisé dorénavant en deux parties ; que chacune des quatre parties dont se composera la livraison sera distribuée et mise en vente aussitôt que l'impression en sera achevée, et que la partie historique terminera la publication de chaque livraison ;

3° Que l'impression des mémoires qui devront entrer dans chaque livraison aura lieu dans l'ordre chronologique des secondes lectures qui auront été faites dans les séances particulières de l'Académie, et qu'il ne sera observé, à cet égard, aucun ordre systématique relatif aux matières traitées dans les mémoires.

———

AUGMENTATION DU NOMBRE DES AUXILIAIRES
ACCORDÉS À L'ACADÉMIE POUR SES DIFFÉRENTS TRAVAUX.

Arrêté du 9 décembre 1846.

Le Ministre secrétaire d'État au département de l'instruction publique,

Vu la loi des finances du 3 juillet 1846, qui

porte au budget de l'Académie des inscriptions et belles-lettres une somme de 7,800 fr. pour la publication des travaux de cette Académie,

Arrête :

ARTICLE PREMIER. Le nombre des auxiliaires attachés aux diverses publications de l'Académie des inscriptions et belles-lettres est porté de trois à six. Les places sont à la nomination de l'Académie, et continueront à être exclusivement réservées aux anciens élèves de l'École des chartes munis de diplômes d'archivistes paléographes.

ART. 2. La somme de 7,800 fr. portée pour cet objet au budget de l'Académie sera répartie ainsi qu'il suit: Deux élèves recevront 1,500 fr., quatre élèves recevront 1,200 fr. Ces indemnités ne pourront se cumuler avec aucun autre traitement.

PUBLICATION DES MÉMOIRES
DES SAVANTS NE FAISANT PAS PARTIE DE L'ACADÉMIE.

Extrait du procès-verbal de la séance
du 14 décembre 1838.

Conformément à un rapport fait par M. Dureau de la Malle, au nom des deux commissions réunies des travaux littéraires et des antiquités de la France,

L'Académie arrête qu'elle publiera, sous le titre de *Mémoires présentés à l'Académie par divers savants,* un recueil composé: en premier lieu, des mé-

moires relatifs aux antiquités nationales qui auront
été désignés par la commission chargée de l'examen de ce genre de travaux ; puis des mémoires sur
les mêmes sujets qu'elle aura distingués parmi ceux
dont les auteurs ont été admis à en faire lecture
dans les séances de l'Académie ; enfin des mémoires sur d'autres matières qui, après avoir été
pareillement lus à l'Académie, paraîtraient à sa
commission des travaux littéraires dignes d'entrer
dans ce recueil ;

Que les deux parties de chaque volume pourront
être publiées séparément, quand les commissions
le jugeront convenable ;

Mais qu'on n'admettra ni dans l'une ni dans l'autre
aucun mémoire ou article antérieurement imprimé
ailleurs ;

Qu'on ne pourra non plus y insérer les ouvrages
auxquels l'Académie aura décerné des prix ou
des distinctions autres que les médailles destinées
chaque année aux meilleurs mémoires sur les antiquités nationales.

ATTRIBUTIONS DE LA COMMISSION DES TRAVAUX LITTÉRAIRES.

*Extrait des procès-verbaux des séances
des 10 et 17 décembre 1852.*

L'Académie des inscriptions et belles-lettres, vu
les articles 13, 47 et 54 du règlement, qui char-
gent la commission des travaux littéraires de la
continuation des publications entreprises par l'Académie et n'en exceptent que la collection des mé-

moires, dont le secrétaire perpétuel dirige et sur-
veille seul l'impression;

Sur la proposition de la commission des travaux
littéraires, arrête ce qui suit :

ARTICLE PREMIER. L'Académie envoie à l'examen
préalable de la commission des travaux littéraires
toute proposition de publication nouvelle qui lui
est faite par le gouvernement ou par un membre de
la compagnie.

ART. 2. Les commissions de l'Académie chargées
par elle de diverses publications n'entreprennent
aucun volume nouveau sans avoir communiqué à
la commission des travaux littéraires le plan de
ce volume, la désignation exacte des matières qui
doivent y entrer, l'aperçu de l'étendue qu'il aura
et du temps qu'il faudra pour le publier.

Ce plan, après avoir été examiné et arrêté par la
commission, est transcrit sur ses registres.

ART. 3. Pendant le cours de leurs travaux, les
auteurs ou éditeurs communiquent à la commission
des travaux littéraires la copie qu'ils destinent à
l'impression et les épreuves sur lesquelles ils ont
apposé leur bon à tirer.

ART. 4. Les notices et extraits des manuscrits et
les mémoires présentés à l'Académie par divers
savants, qui n'auraient pas été l'objet des délibérations et du jugement de la commission des antiquités nationales, ne sont insérés dans les recueils
de l'Académie que sur un rapport de deux membres

de la commission des travaux littéraires, approuvé par elle.

Art. 5. Aucune impression ne peut être autorisée par le secrétaire perpétuel, si ces formalités n'ont pas été remplies.

Art. 6. La commission fixe le nombre d'exemplaires auquel chaque volume est imprimé et le prix auquel il est vendu.

Art. 7. La commission de l'*Histoire littéraire de la France* communique avec la commission des travaux littéraires par l'intermédiaire de son président, et les autres commissions par l'intermédiaire du secrétaire perpétuel.

Art. 8. L'indemnité due aux auteurs ou éditeurs des publications faites par l'Académie est fixée comme il suit :

1° *Recueil des historiens des Gaules et de la France; Recueil des historiens des Croisades; Recueil des Chartes et Diplômes; Ordonnances des rois de France :* 35 francs par feuille d'impression, et 3o francs si des auxiliaires rétribués par le gouvernement sont attachés à la publication.

2° *Table chronologique des Chartes et Diplômes,* 22 francs par feuille, et 18 francs si un auxiliaire est attaché à cette publication.

3° *Notices et extraits des manuscrits,* 3o francs par feuille.

4° Deuxième série des *Mémoires présentés à l'Aca-*

démie par divers savants, 20 francs par feuille si le mémoire a été l'objet d'une analyse ou d'un travail spécial de l'éditeur.

Pour les publications désignées aux n°ˢ 1 et 2, les éditeurs reçoivent l'indemnité à laquelle ils ont droit en deux payements égaux, qui ont lieu, le premier quand la moitié du volume est imprimée, le second quand le volume est présenté à l'Académie.

Les dispositions précédentes ne s'appliquent pas aux volumes dont l'impression est actuellement commencée.

Aucun changement n'est apporté au mode d'indemnité adopté pour les membres de la commission de l'*Histoire littéraire de la France.*

Art. 9. Les auxiliaires attachés aux publications de l'Académie justifient de leur travail par-devant la commission, aux époques et dans la forme qu'elle détermine; elle peut les détacher d'un travail et les appliquer à un autre.

La commission propose, s'il y a lieu, à l'Académie, soit de les faire passer de la classe supérieure à la classe inférieure, soit même de les révoquer.

Art. 10. Au commencement de chaque année, le secrétaire perpétuel présente à la commission un projet de la répartition des fonds dont l'Académie dispose pour des publications. La commission délibère sur ce projet de répartition.

Art. 11. Le secrétaire perpétuel comprend dans

ses rapports semestriels sur l'état des publications de l'Académie un exposé sommaire des travaux de la commission.

§ V.

ANTIQUITÉS NATIONALES.

———

RÈGLEMENT DE LA COMMISSION DES ANTIQUITÉS NATIONALES.

Extrait du procès-verbal de la séance du 18 décembre 1829.

Sur le rapport fait, au nom de la commission des antiquités nationales, par M. Dureau de la Malle, l'Académie adopte le règlement suivant :

ARTICLE PREMIER. La commission des antiquités de la France, à partir du 1er janvier 1830, sera composée de sept membres de l'Académie.

ART. 2. L'Académie publiera un recueil des antiquités de la France. Chaque volume paraîtra en deux livraisons, contenant ou les mémoires entiers, ou un extrait des mémoires qui lui auront été adressés, selon qu'elle les en jugera dignes, avec la gravure au trait des plans, coupes, monuments, etc., annexés à ces mémoires.

Le choix et la direction de ce recueil sont confiés à la commission des antiquités nationales. Pour assurer l'exécution de la mesure, et comme indemnité du temps et des soins appliqués à ce but, une somme de 2,000 francs sera distribuée, lors de la publication de chaque volume, entre les membres

de la commission qui y auront travaillé. La répartition sera faite selon le mode usité pour les Notices
des manuscrits.

ART. 3. Le recueil portera le titre d'Antiquités
de la France, publiées par l'Académie.

ART. 4. Dans la première séance de l'année, la
commission des antiquités nommera un président.

ART. 5. Il sera tenu un procès-verbal de chaque
séance.

ART. 6. A la fin de chaque année, la commission
rendra compte à l'Académie des progrès de la publication.

———

DROIT DE PRÉSENCE DES MEMBRES DE LA COMMISSION
DES ANTIQUITÉS NATIONALES.

*Extrait du procès-verbal de la séance
du 15 février 1833.*

Un droit de présence, ou jeton, de la valeur de
5 francs, sera alloué, mais sans accroissement à
raison des absents, aux membres présents aux réu-
nions de la commission des antiquités nationales,
et par chaque séance.

———

AUGMENTATION DU NOMBRE DES MEMBRES DE LA COMMISSION
DES ANTIQUITÉS NATIONALES.

*Extrait du procès-verbal de la séance
du 2 janvier 1835.*

Sur la proposition d'un membre, l'Académie arrète que la commission des antiquités nationales, qui n'était que de sept membres, sera portée à huit.

———

§ VI.

ÉCOLE D'ATHÈNES. — ÉCOLE ARCHÉOLOGIQUE
DE ROME.

———

ATTRIBUTIONS DE L'ACADÉMIE.

Arrêté du 26 janvier 1850.

ARTICLE PREMIER. Chacun des membres de l'École d'Athènes sera tenu d'envoyer, avant le 1er juillet de chaque année, au ministère de l'instruction publique et des cultes, un mémoire sur un point d'archéologie, de philologie ou d'histoire, choisi dans un programme de questions que l'Académie des inscriptions et belles-lettres sera invitée à présenter à l'approbation du Ministre.

ART. 2. Les mémoires envoyés seront transmis à l'Académie des inscriptions, qui sera priée d'en faire l'objet d'un rapport au Ministre, et d'en rendre compte dans sa séance publique annuelle, où seront également annoncées les questions formant le programme des travaux de l'École pour l'année suivante.

ART. 3. Les mémoires envoyés par les membres de l'École d'Athènes pourront être insérés dans les

Archives des Missions, instituées par arrêtés ministériels des 29 octobre et 14 décembre 1849.

Art. 4. Le *Moniteur* publiera chaque année la liste des élèves présents à l'École et, en regard, l'indication des travaux envoyés par chacun d'eux.

<hr>

Décret du 7 août 1850.

Article premier. A partir de la prochaine année scolaire, l'École française d'Athènes, sera formée concurremment d'agrégés sortis de l'École normale supérieure et d'agrégés pris en dehors de cette École.

Art. 2. Les agrégés membres de l'École française d'Athènes seront nommés par le Ministre de l'instruction publique et des cultes, après un examen spécial, dont le programme sera dressé par une commission de l'Académie des inscriptions et belles-lettres, et devra porter sur la langue grecque ancienne et moderne, sur les éléments de la paléographie et de l'archéologie, sur la géographie et l'histoire de la Grèce.

Art. 3. Le cours d'études de l'École française d'Athènes demeure fixé à deux ans au moins et trois ans au plus, dont une année, ou davantage, sera employée, par chaque membre, à des explorations et à des recherches dans la Grèce et les autres pays classiques, soit de l'Orient, soit de l'Occident.

3

Art. 4. A l'expiration de chaque année, et au plus tard avant le 1er avril de l'année suivante, les membres de l'École seront tenus d'envoyer individuellement les résultats des travaux qui leur auront été prescrits, en vertu du règlement général d'études préparé par l'Académie des inscriptions et belles-lettres de l'Institut, et arrêté par le Ministre de l'instruction publique et des cultes.

Art. 5. Les résultats des travaux des membres de l'École seront transmis par le Ministre à l'Académie des inscriptions et belles-lettres, qui en fera l'objet d'un rapport et en rendra compte dans sa séance publique annuelle, où elle annoncera les sujets d'explorations et de recherches plus spécialement proposés pour la seconde et la troisième année d'études.

Art. 6. Le directeur de l'École sera tenu de faire, à l'expiration de chaque année scolaire, un rapport détaillé, qu'il adressera au Ministre, sur la situation de l'École, sur les progrès réalisés et les améliorations désirables.

———

Décret du 15 décembre 1852.

Article premier. A l'avenir, les licenciés élèves de l'École normale supérieure qui auront subi avec distinction les examens de sortie, et les licenciés non élèves de l'École âgés de vingt et un ans au moins, qui auront fait un noviciat de deux années ou plus dans l'enseignement des lycées, pourront, sur la proposition des inspecteurs généraux, être admis, concurremment avec les agrégés, à subir l'examen prescrit par l'article 2 du décret du 7 août 1850, pour la nomination des membres de l'École française d'Athènes.

ART. 2. Les années passées à l'École française d'Athènes par les licenciés nommés membres de l'École pourront, sur le rapport du directeur et sur celui de l'Académie, prescrits l'un et l'autre par les articles 5 et 6 du décret précité, leur être comptées comme autant d'années d'enseignement pour le noviciat exigé des candidats à l'agrégation, aux termes de l'article 7 du décret du 10 avril 1852.

Décret du *9 février 1859*.

ARTICLE PREMIER. L'École française d'Athènes créée par l'ordonnance du 11 septembre 1846 est placée sous l'autorité directe de notre Ministre de l'instruction publique, et sous le patronage de notre Ministre des affaires étrangères. Elle a pour chef un fonctionnaire de l'instruction publique ou un membre de l'Institut.

ART. 2. Elle se compose de trois sections, savoir : une section des lettres; une section des sciences; une section des beaux-arts.

ART. 3. A dater du 1er janvier 1859, peuvent être admis à faire partie de la section des lettres :
1° Après un examen spécial, les professeurs et

agrégés des classes supérieures âgés de moins de trente ans;

2° Avec dispense d'examen, dans la même condition d'âge que ci-dessus, les professeurs et les agrégés pourvus du diplôme de docteur ès lettres et tout candidat reçu le premier au concours de l'agrégation des classes supérieures.

ART. 4. L'examen pour l'admission à l'École française d'Athènes porte sur la langue grecque ancienne et la langue latine, sur les éléments de la paléographie et de l'archéologie, sur la géographie et l'histoire de la Grèce et de l'Italie anciennes.

Cet examen est subi devant une commission à laquelle sont adjoints deux membres de l'Académie des inscriptions et belles-lettres, et qui est présidée par un inspecteur général de l'enseignement supérieur.

ART. 5. Les candidats nommés à l'École d'Athènes se rendent à leur destination en passant par l'Italie; ils y restent trois mois, qui sont répartis entre Rome, Florence, Naples et la Sicile. Pendant leur séjour à Rome, ils sont placés sous l'autorité du directeur de l'Académie de France. Ils reviennent en France par les îles Ioniennes, Venise, Munich et les principaux centres d'études en Allemagne.

ART. 6. Chacun des membres de l'ordre des lettres est tenu d'envoyer, avant le 1ᵉʳ juillet de la deuxième ou de la troisième année de son séjour en Grèce, un mémoire sur un point d'archéologie, de philologie ou d'histoire, choisi dans un programme de questions rédigé par l'Académie des inscriptions et belles-lettres, et agréé par notre Ministre de l'instruction publique.

Ces mémoires sont l'objet d'un rapport de l'Académie à notre Ministre de l'instruction publique. L'Académie est invitée à rendre compte de ce rapport dans sa séance publique annuelle, où sont également annoncées les questions inscrites au programme des travaux de l'École pour l'année suivante.

———

Décret du 25 mars 1873.

ARTICLE PREMIER. Les membres de l'Ecole française d'Athènes, avant de se rendre en Grèce, séjourneront une année en Italie.

ART. 2. Un savant choisi en raison de la spécialité de ses travaux est chargé de faire à Rome, pour l'instruction de ces jeunes gens, un cours d'archéologie, d'après un programme proposé par l'Académie des inscriptions et belles-lettres.

Les membres de l'École d'Athènes, pendant leur séjour à Rome, sont tenus de suivre cet enseignement.

———

NOUVELLE ORGANISATION DE L'ÉCOLE D'ATHÈNES.

Décret du 26 novembre 1874.

ARTICLE PREMIER. L'École française d'Athènes est placée sous l'autorité du Ministre de l'instruction publique, le patronage du Ministre des affaires étrangères et la direction scientifique de l'Académie des inscriptions et belles-lettres. Elle a pour chef un directeur, membre de l'Institut ou fonctionnaire supérieur de l'instruction publique, nommé par décret.

Une double liste de deux candidats est présentée par l'Académie des inscriptions et par la section de l'enseignement supérieur du comité consultatif.

La durée des fonctions du directeur est de six ans. Son mandat peut être renouvelé par décret.

Art. 2. Les candidats au titre de membre de l'École d'Athènes doivent être âgés de moins de trente ans; ils doivent être docteurs ès lettres ou agrégés des lettres, de grammaire, de philosophie ou d'histoire.

Le concours pour l'admission à l'École française d'Athènes porte sur la langue grecque ancienne et moderne, sur les éléments de l'épigraphie, de la paléographie et de l'archéologie, sur l'histoire et la géographie de la Grèce et de l'Italie anciennes. Il est tenu compte aux candidats de la connaissance qu'ils auraient du dessin.

Cet examen, qui se compose de deux épreuves, l'une écrite, l'autre orale, d'après un programme préparé par l'Académie, est subi devant une commission de sept membres désignés par le Ministre.

Art. 3. Les membres de l'École française d'Athènes sont nommés par le Ministre sur le rapport de la commission de concours. Le nombre des membres est fixé à six. La durée de leur mission est de trois ans, y compris l'année de séjour à Rome prévue par le décret du 25 mars 1873.

Art. 4. Chaque membre de l'École d'Athènes

est tenu d'envoyer à l'Académie, par l'intermédiaire du Ministre de l'instruction publique, avant l'expiration de chaque année, un travail personnel, qui sera soumis au jugement d'une commission spéciale. Il en sera fait par elle un rapport à l'Académie, et, après adoption, un compte rendu, publié soit à la séance annuelle, soit par insertion au *Journal officiel*.

Dans la séance annuelle seront annoncés également les sujets de recherches et de mémoires que l'Académie, sur la proposition de la commission, jugerait utile d'indiquer aux membres de l'École pour les années suivantes.

Les membres de l'École communiquent à l'Académie, par l'entremise du directeur, les découvertes archéologiques qui seraient venues à leur connaissance et les résultats des fouilles auxquelles ils auraient assisté ou dont ils auraient pris l'initiative.

Art. 5. Tout membre de l'Académie des inscriptions et belles-lettres et tout ancien membre de l'École sont, de droit, associés correspondants.

Ce titre d'associé correspondant peut être, en outre, décerné, sans condition de nationalité, par le Ministre de l'instruction publique, sur une double proposition de l'Académie des inscriptions et belles-lettres et du directeur de l'École d'Athènes.

Art. 6. Les mémoires des membres de l'École d'Athènes, les communications adressées par les associés correspondants, seront publiés par les soins du Ministre de l'instruction publique, après avis de l'Académie des inscriptions et belles-lettres.

Art. 7. Les élèves de l'Académie de France à Rome autorisés à faire un séjour à Athènes, les boursiers de voyage, les prix d'exposition, seront reçus à l'École française d'Athènes et placés temporairement sous l'autorité du directeur.

Art. 8. A l'expiration de chaque année, le directeur de l'École d'Athènes adresse au Ministre de l'instruction publique un rapport détaillé sur la situation de l'École, sur les progrès réalisés et les améliorations désirables dans le régime de l'établissement.

La partie de ce rapport relative aux travaux des membres de l'École d'Athènes est communiquée à l'Académie.

Art. 9. La section romaine de l'École d'Athènes prend le titre d'École archéologique de Rome. Le sous-directeur de l'École d'Athènes ajoute à ce titre celui de directeur de l'École archéologique de Rome.

Art. 10. Les dispositions antérieures concernant l'École française d'Athènes qui seraient contraires au présent décret sont et demeurent abrogées.

Art. 11. Le Ministre de l'instruction publique, des cultes et des beaux-arts, est chargé de l'exécution du présent décret.

ORGANISATION DE L'ÉCOLE ARCHÉOLOGIQUE DE ROME.

Décret du 20 novembre 1875.

ARTICLE PREMIER. L'École de Rome a pour objet :

La préparation pratique des membres de l'École d'Athènes aux travaux qu'ils doivent faire en Grèce et en Orient ;

L'étude érudite des monuments et des bibliothèques de l'Italie ;

Les collations et les recherches qui lui sont demandées par l'Institut, par les comités du ministère et par divers savants, autorisés par le directeur de l'École.

Elle est une mission permanente en Italie.

ART. 2. L'École a pour chef un directeur nommé par décret sur une double liste de deux candidats, présentée par l'Académie des inscriptions et belles-lettres et par la section de l'enseignement supérieur du comité consultatif.

La durée des fonctions de directeur est de six ans. Son mandat peut être renouvelé.

L'École se compose :

1° Des membres de première année de l'École d'Athènes ;

2° Des membres propres à l'École de Rome.

ART. 3. Les membres de première année de l'École d'Athènes sont nommés conformément aux dispositions de l'article 2 du décret du 26 novembre 1874.

Les membres propres à l'École de Rome sont au nombre de six. Les places sont attribuées soit à des candidats présentés par l'École normale supérieure, par l'École des chartes et par la section d'histoire et de philologie de l'École pratique des hautes études, soit à des docteurs reçus avec distinction, ou à des jeunes gens signalés par leurs travaux.

ART. 4. Les présentations sont faites :

Pour l'École normale supérieure, par le directeur et les maîtres de conférences de la section des lettres ;

Pour l'École des chartes, par le conseil de perfectionnement et les professeurs ;

Pour la section d'histoire et de philologie de l'École des hautes études, par le corps enseignant.

Les candidats de l'École normale doivent avoir le titre d'agrégé ; ceux de l'École des chartes, le diplôme d'archiviste paléographe ; ceux de l'École des hautes études, le titre d'élève diplômé.

ART. 5. Les membres de l'École sont nommés pour un an, par arrêté ministériel.

Du 1er au 10 juin de chaque année, tout membre de l'École doit adresser au Ministre un ou plusieurs travaux personnels, qui sont soumis à l'Académie des inscriptions et belles-lettres.

Après un avis de l'Académie, une prolongation d'abord d'une seconde année, puis d'une troisième année, peut être accordée.

§ VII.

ÉCOLE DES CHARTES.

———

ATTRIBUTIONS DE L'ACADÉMIE.

Extrait du procès-verbal de la séance du 8 février 1833.

M. le Ministre de l'instruction publique fait savoir, dans une lettre, que les brevets d'archivistes paléographes qui, d'après l'ordonnance du 11 novembre 1829, doivent être décernés aux plus habiles élèves de l'École des chartes, seront rédigés dans la forme indiquée par l'Académie, et que les noms de ces élèves seront proclamés dans les séances publiques annuelles de la compagnie.

———

ORDONNANCE DU 31 DÉCEMBRE 1846.

ART. 6. Les membres du conseil [de perfectionnement] sont choisis parmi les membres de l'Académie des inscriptions et belles-lettres. Le garde général des Archives, le directeur de la Bibliothèque royale et le directeur de l'École en font toujours partie. Les cinq autres membres sont nommés par l'Académie des inscriptions et belles-lettres.

———

§ VIII.

CONCOURS. —— PRIX GOBERT.

RÈGLEMENT DU CONCOURS POUR LES PRIX GOBERT.

*Extrait des procès-verbaux des séances
des 15 et 22 février 1839.*

L'Académie entend le rapport fait par M. Beugnot, au nom de la commission chargée de proposer les modes d'exécution du legs du baron Gobert. Le projet de règlement présenté par M. le rapporteur est, après discussion, adopté en ces termes par l'Académie :

1° Le jugement des ouvrages envoyés au concours pour les prix fondés par le baron Gobert est confié à une commission composée de quatre commissaires, auxquels se réunissent les membres du bureau.

2° Cette commission sera nommée chaque année dans la première séance du mois de mars.

3° Les académiciens qui auront été nommés une année membres de cette commission ne pourront pas l'être l'année suivante.

4° Les conclusions du jugement porté par cette commission seront soumises à l'approbation de l'Académie.

5° Sont seuls exclus du concours les ouvrages des membres ordinaires ou libres et des associés étrangers de l'Académie des inscriptions et belles-lettres.

6° Si l'auteur d'un ouvrage couronné est nommé membre de l'Académie, il perdra la jouissance de son prix à dater du jour de sa nomination.

7° La jouissance du prix ne commencera, pour les auteurs, qu'à partir du jour où l'Académie aura rendu la décision qui le leur accorde.

8° Les sommes affectées aux prix seront payées par semestre.

ADMISSION DES ÉTRANGERS
AU CONCOURS POUR LES PRIX GOBERT.

Extrait du procès-verbal de la séance du 15 avril 1840.

Dans un rapport au nom de la commission des prix Gobert, M. Pardessus propose d'admettre à ces concours les ouvrages composés par des écrivains étrangers à la France. L'Académie prononce l'admission des concurrents étrangers.

CONDITIONS DU CONCOURS POUR LES PRIX GOBERT.

*Extrait du procès-verbal de la séance
du 27 mars 1840.*

A partir de l'année 1841, les concurrents seront obligés de déposer six exemplaires, deux pour l'Académie, les autres pour les quatre membres de la commission.

D'après les décisions de l'Académie, les exemplaires envoyés au concours devront être déposés au secrétariat de l'Institut avant le 1er avril de chaque année.

AUTRES CONDITIONS DU MÊME CONCOURS.

*Extrait du procès-verbal de la séance
du 12 mars 1842.*

L'Académie décide, à l'unanimité :

Que tous les volumes d'un ouvrage en cours de publication qui n'ont point encore été présentés au prix Gobert seront admis à concourir, si le dernier volume publié de l'ouvrage dont ils font partie remplit toutes les conditions d'admission demandées par le programme du concours.

AUTRES DISPOSITIONS RELATIVES AU MÊME CONCOURS.

*Extrait du procès-verbal de la séance
du 24 juillet 1846.*

Dans sa séance du 24 juillet 1846, l'Académie a entendu la lecture de l'opinion d'une commission nommée par elle dans sa séance précédente, sur une question soulevée relativement à l'exécution de la clause du testament de M. Gobert sur le prix à décerner à l'ouvrage le plus savant ou le plus profond sur l'histoire de France et sur les écrits qui s'y rattachent. Après une première lecture et une discussion, l'Académie décide que les deux paragraphes qui composent cette opinion ne seront pas scindés. L'Académie adopte, après une seconde lecture, cette opinion, ainsi conçue :

La commission estime que rien, dans les termes du testament ni dans les usages de l'Académie, ne s'oppose à ce qu'un ouvrage dont l'auteur était vivant à l'époque où ledit ouvrage a été admis au concours y soit maintenu après le décès de l'auteur;

Qu'il appartient, toutefois, à la conscience de chaque membre de juger, dans le cas spécial, si le prix décerné serait délivré d'une manière conforme au vœu présumé du testateur, c'est-à-dire qui étendît uniquement à la famille de l'auteur la récompense méritée par son ouvrage.

FIXATION DE LA CLÔTURE DES CONCOURS AU 1ᵉʳ JANVIER.

*Extrait du procès-verbal de la séance
du 27 juillet 1855.*

L'Académie arrête que la clôture des concours sera fixée dorénavant au 1ᵉʳ janvier au lieu du 1ᵉʳ avril, et que, par disposition transitoire, le changement ne sortira son effet qu'à dater du 1ᵉʳ janvier 1857, sans application aux concours.

Le présent recueil a été imprimé en vertu de la délibération de l'Académie du 12 novembre 1879.

Le Secrétaire perpétuel,

H. WALLON.